RÉPONSE AU RÉQUISITOIRE

DE

M. DE GASPARIN

CONTRE L'ESPAGNE

PAR

Le Colonel Baron de SUARCE.

PARIS

IMPRIMERIE CENTRALE DES CHEMINS DE FER

DE NAPOLÉON CHAIX ET Cⁱᵉ

Rue Bergère, 20, près du boulevard Montmartre

1862

RÉPONSE AU RÉQUISITOIRE

DE

M. DE GASPARIN

CONTRE L'ESPAGNE

PAR

Le Colonel Baron de SUARCE.

Au nombre des écrits politico-religieux publiés depuis un an, figure un ouvrage de M. de Gasparin ayant pour titre : *L'Amérique devant l'Europe.*

Cet ouvrage renferme des renseignements fort curieux sur le but spécial de l'élection du président Lincoln, qu'on déclare expressément avoir été préparée de longue main.

Cet ouvrage révèle, en outre, l'existence, dans les États du nord de l'Amérique, d'hommes que

M. de Gasparin appelle Anglo-Saxons, puritains, têtes-rondes ; ayant, dit-il, religieusement gardé, de génération en génération, le christianisme pur, importé en Amérique par leurs ancêtres, il y a plus de deux siècles.

L'élection du président Lincoln aurait, selon toute apparence, le caractère d'une véritable prise d'arme puritaine, rappelant les anciens jours... et serait accompagnée du mandat impératif de *mater*, *per fas et nefas,* les États du Sud entachés d'esclavagisme, et, par-dessus tout, les seuls coupables, vis-à-vis de la vieille Angleterre, du bombardement de Greytown, du renvoi de l'ambassadeur anglais, durant la guerre de Russie, de l'occupation de l'île Saint-Juan... et autres énormités ! M. de Gasparin accorde une mention toute particulière à M. Tombs, l'un des ministres actuels de Richmond, qu'il gratifie généreusement du titre d'anglophobe, pour avoir, grand Dieu ! déclaré jadis en plein congrès que son ambition serait de couvrir l'Atlantique de steamers armés... afin de ruiner la marine marchande anglaise !

L'ouvrage de M. de Gasparin renferme aussi un inqualifiable réquisitoire contre l'Espagne. Nous voulions d'abord nous borner à purement et simplement réfuter ce réquisitoire ; mais les accusations de cagoterie, de superstition et de fanatisme y sont prodiguées avec si peu de ménagement, que nous avons trouvé qu'il serait de bonne guerre de tourner contre M. de Gasparin lui-même l'arme dont il prétendrait frapper l'Espagne,

Or, nous espérons atteindre ce but en plaçant sous les yeux du lecteur quelques fragments de l'ouvrage de M. de Gasparin qui démontrent jusqu'à l'évidence que son ardeur évangélique et celle de ses amis les puritains de 1862, frisent terriblement le fanatisme.

Hâtons-nous de dire que nous savons, avec tout le monde, que M. de Gasparin est un galant homme et un illustre savant ayant été mêlé constamment à toutes les affaires de son pays.

Ce que nous avons appris, c'est que M. de Gasparin est irrésistiblement attiré vers les Anglo-Saxons, puritains par principe et Turcs par intérêt; c'est que M. de Gasparin est un chaud partisan du maintien de l'Empire ottoman, conséquemment au moins un défenseur du hideux esclavage qui désole les rivages de la Méditerranée.

D'où il résulte que, par le temps qui court, déjà si fécond en choses extraordinaires, nous assistons au fabuleux spectacle de voir un personnage de l'importance de M. de Gasparin se montrant à la fois esclavagiste à Constantinople et négrophile à New-York!

Le langage tour à tour mystique et cruel employé par M. de Gasparin, d'après les citations textuelles extraites de son ouvrage, et que nous plaçons sous les yeux du lecteur, donnera une idée nette de la cause réelle de la guerre américaine, du rôle qu'y jouent les puritains et du but qu'ils se proposent.

L'abolition de l'esclavage est demandé comme moyen de nuire au Sud; mais on veut davantage...

En effet, c'est dans le Nord, particulièrement dans la Nouvelle-Angleterre, que règne d'une manière absolue ce qu'on appelle la race anglo-saxonne et le christianisme pur; c'est au contraire dans le Sud, surtout à la Louisiane, au Texas et dans les Florides, que se fait sentir l'élément latin.

La conséquence logique de cet état de choses, c'est que les Anglo-Saxons du Nord voudraient traiter le Sud comme les puritains d'Angleterre traitent les *Irlandais... That is the question.*

« Le budget américain s'élevait simplement à » 300,000,000 en 1860, et la dette américaine ne » dépassait pas ce chiffre, c'est-à-dire que le ca- » pital dû par les États-Unis n'était que l'équiva- » lant d'une année de leur revenu...

» L'histoire aura peine à croire quelque jour » qu'une grande nation ait pu vivre soixante-dix » années sans établir chez elle l'impôt indirect.

» Avant l'élection du président Lincoln, les » États-Unis étaient riches; ils recevaient beau- » coup d'émigrants; ils avançaient vaillamment » dans le désert; ils exerçaient une grande in-

» fluence, et l'Angleterre ne leur envoyait pas
» d'ultimatum!... c'était même le contraire qui
» avait lieu!

» Eh bien! *c'était alors qu'il convenait de gémir!!...*
» et nous gémissions en effet... nous autres vieux
» puritains, qui n'avons jamais cessé de cultiver
» saintement la vigne du Seigneur!

» Nous qui savions que l'infâme esclavage était
» la source impure de cette prospérité impie qui
» allait toujours croissant.

» C'était à désespérer du pays!!... quand Dieu,
» exauçant nos prières, nous a enfin accordé la
» libérale et chrétienne élection du président
» Lincoln... »

Répondant à ceux qui signalent chaque jour les
désastres que cause dans le monde entier la guerre
qui désole l'Union américaine, M. de Gasparin
s'écrie :

« Qui donc a pu croire que le relèvement de
» l'Union américaine ne coûterait pas de larmes?
» Tout relèvement est une crise; il y a du sang
» et des ruines... Il n'entre pas dans les desseins
» de Dieu que les grandes iniquités s'effacent
» avant que le châtiment se soit fait sentir, et
» ici, fait remarquable, le châtiment tombe à la
» fois sur tous les coupables : sur le Sud qui
» soutient l'esclavage, sur le Nord complice du
» Sud, et sur l'Europe indifférente au mal, dont
» elle a d'ailleurs trop longtemps profité.

» Le Christ n'a-t-il pas dit : Je n'apporte pas
» la paix, mais l'épée... A l'immensité du bienfait
» se mesure l'immensité de la douleur! »

La révolte des noirs entrait-elle dans le pro-
gramme des puritains? Nous inclinons pour l'af-
firmative. Voici au surplus ce que nous dit M. de
Gasparin à ce sujet :

« Qu'on ne vienne pas soutenir que les révoltes
» noires sont impossibles... Je n'ignore pas que
» le Sud, avec l'imprudence qui le caractérise,
» opposait naguère encore au Nord la tranquillité
» des nègres... se faisant une arme de la paix
» même que lui a procurée la modération du pré-
» sident Lincoln... Je suppose en tous cas que les
» habitants de la Virginie n'ont pas oublié la ré-
» volte de 1831, ni Nat Turner, ni le massacre
» qui a duré deux jours.

» On se souvient sans doute encore à Charles-
» ton de Deumark-Vesey et de ses complices ;
» ceux-ci se comptaient par milliers ; leur *héroïque*
» silence lassa les bourreaux... l'État entier fut
» en proie à la terreur... Insensés, qui s'écrient
» maintenant qu'il ne peut y avoir de révoltes
» noires!!... »

Voici le tableau que fait M. de Gasparin de
l'armée qu'il appelle l'armée libérale et chrétienne
du Nord :

« Elle forme un ensemble qui reporte la pen-
» sée vers les vieilles bandes huguenotes ou vers

» les camps de Gustave-Adolphe ; l'élément puri-
» tain s'y fait puissamment sentir... Les soldats y
» combattent la Bible dans le sac... des Nouveaux
» Testaments, expressément imprimés pour l'ar-
» mée, leur sont distribués par les officiers aux
» heures de la prière.

» Le général Mac-Clellan, avant de venir pren-
» dre possession du commandement, n'a-t-il pas
» éprouvé le besoin de prier à deux genoux ,
» avec un pasteur de ses amis?... Je m'étais donné
» à la patrie, maintenant je me donne à Dieu!
» telle fut, dit-on, la dernière parole de cet en-
» tretien.

» Le parti de la Bible s'est levé en masse ; l'en-
» traînement est tel en certains moments, qu'on
» peut craindre une trop grande surexcitation. Le
» sentiment abolitioniste est très-vif... On a
» même vu beaucoup de régiments qui traver-
» saient les villes du Nord en chantant l'hymne
» de John Brown... Le vieux Brown est couché
» dans son tombeau... mais son âme marche de-
» vant nous... *Alleluia! Alleluia!* »

Cette habile mise en scène politico-fanatique,
la tentative abolitioniste du général Fremont et
les dragonades provocatrices du général Butler
nous font incliner de plus en plus vers l'opinion
que les puritains voulaient à tout prix une révolte
des noirs qni aurait été leur base d'opérations.

Heureusement, l'état d'abjection où l'on maintient le nègre libre dans les États-Unis a sans doute fait avorter cet atroce dessein.

Tout porte à croire que le puritanisme a voulu faire du président Lincoln un biblique ange exterminateur... Or, il n'y avait pas en M. Lincoln l'étoffe que comportait ce terrible rôle.

Nous arrivons enfin à la réfutation du réquisitoire de M. de Gasparin contre l'Espagne, cette réfutation étant le but spécial de notre opuscule.

« C'est l'Espagne qui, enhardie par les em-
» barras actuels des États-Unis, a poussé à la
» réaction en Amérique et particulièrement au
» Mexique.

» Je ne conteste en aucune façon le droit que
» nous avons de châtier un gouvernement indigne
» et d'exiger les réparations dues à nos compa-
» triotes; ce qui m'effrayait, c'est que l'Espagne,
» dans l'illusion de ses premières espérances,
» nous poussait à remplacer les réparations par
» l'intervention, ce qui est bien différent; c'est
» ce que n'a pas voulu Napoléon III.

» L'Espagne donne depuis quelque temps des
» signes de vitalité que je n'affecterai pas de mé-
» connaître, quoiqu'il y ait loin de là à cette
» situation incontestée qui classe un peuple parmi
» les grandes puissances. Il n'est cependant pas
» permis de nier que ses récentes expéditions au
» Maroc et en Cochinchine ne lui aient donné
» un certain relief.

» Pourquoi se fait-il que, loin de s'en réjouir,
» l'instinct général de l'Europe s'en alarme? C'est
» que l'Europe observe et qu'elle se souvient...
» Elle se souvient de ce qu'a été l'Espagne dans
» l'histoire : une nation oppressive, violente, hos-
» tile à tout progrès comme à toute liberté, une
» nation funeste, en un mot, dans toute la force
» de l'expression.

» La grandeur possible de l'Espagne nous appa-
» raît donc comme une calamité, ou, du moins,
» comme une menace.

» Enfin, l'Espagne rêve encore moyen âge :
» ses pensées, ses sentiments, ses ambitions, sont
» de trois ou quatre siècles en arrière... On s'ef-
» fraierait à moins !!

Les inqualifiables lignes qui précèdent ont évidemment été écrites en vue de plaire à l'empereur Napoléon III, à l'occasion du récent conflit
franco-espagnol.... Le courtisan puritain n'a oublié qu'une seule chose.... c'est que du sang espagnol coule dans les veines du jeune prince im-
périal.

M. de Gasparin, marchande le titre de grande
puissance à l'Espagne, qui, à travers mille dan-
gers et au prix d'immenses sacrifices, a payé, dès
le commencement du xvi siècle, son tribut au
progrès et à la civilisation, en refoulant l'inva-
sion musulmane et en dotant l'ancien monde.....
de la richissime Amérique. Il est vrai que le même

M. Gasparin, qui sait que l'amiral Raleigh n'a conduit qu'au xviie siècle les Anglo-Saxons en Amérique, revendique libéralement pour eux le droit exclusif à la possession de ce pays.

Quoi qu'il en soit de ce droit, Napoléon III a pratiqué les puritains à Gênes et en Angleterre. Il connait leur génie envahisseur, et probablement il entre dans les prévisions de l'Empereur que l'expédition du Mexique produise, entre autres bons résultats, celui de mettre un frein aux velléités expansives de la race anglo-saxonne.

En 1808, l'Espagne et le Portugal, soutenus par cinquante mille hommes fournis par l'Angleterre, se sont patriotiquement jetés dans la périlleuse entreprise de lutter contre la puissance de Napoléon Ier......, devant laquelle toute-puissance avait fléchi l'Europe continentale entière.

Cette terrible et vaillante lutte a duré sept années consécutives, elle a porté la ruine et la désolation dans le pays, et a coûté environ deux millions d'hommes à l'Espagne et au Portugal.

En ce temps-là, l'Europe qualifiait ces deux nations d'héroïque Espagne et d'héroïque Portugal; l'Angleterre même était forcée de reconnaître qu'elle leur devait son salut.... Hélas! quelques années plus tard, la puissance de l'Espagne et celle du Portugal étaient comparativement moindres qu'elles n'avaient été en 1808 : elles devaient cet état de choses à l'Angleterre... la dominatrice de l’époque, dont le faux libéralisme venait de faire révolter l’Amérique Centrale, le Brésil et l’Amérique du Sud.

Voilà comment l’Espagne a été funeste au monde entier, et comment les Anglo-Saxons sont d’utiles et loyaux alliés!

M. de Gasparin dit qu’en Espagne la liberté politique est un vain mot... A cela nous répondons que, plusieurs fois, depuis trente ans, le gouvernement espagnol a ouvertement rompu avec des gouvernements étrangers, pour se conformer à la volonté nationale..., tandis que M. de Gasparin et ses amis ont fait adopter l’insolent droit de visite... contrairement au vœu de la généralité des Français.

M. de Gasparin dit aussi que la liberté religieuse est ouvertement niée en Espagne ; il fait à ce sujet la citation suivante : « Un fait récent
» a consterné la conscience de l’Europe : d’hum-
» bles chrétiens étrangers à toute menée poli-
» tique, ont été, pour le seul crime d’avoir
» adopté et répandu les croyances protestantes,
» condamnés à la peine. Qui n’a lu la lettre tou-
» chante de Matamoros : Ma peine, à cause de
» ma santé délicate, sera pour moi la peine de
» mort. Au reste, si j’avais non pas une.... mais
» mille vies, je les sacrifierais toutes avec une
» tranquillité chrétienne sur les autels de la
» sainte cause de notre divin rédempteur Jésus! »

On sait que Matamoros et les humbles chrétiens, ses compagnons d'infortune, ont été graciés par Sa Majesté la reine d'Espagne.

La touchante lettre de Matamoros n'en n'aura pas moins servi de réclame pour annoncer *urbi et orbi* à quel degré de sanctification peut atteindre une brebis égarée, un catholique, enfin! qui a l'ineffable bonheur d'embrasser la foi évangélique!

M. de Gasparin parle souvent et avec amour de la race anglo-saxonne libre et individualiste. Il y a plus, selon lui, cette noble race représente un principe..... *ici-bas!* C'est sans doute à ce titre qu'il réclame pour elle une forte organisation; et modestement, entre autres possessions, la totalité de l'Amérique, depuis le Canada jusqu'à la Patagonie.

Au surplus, M. de Gasparin récemment arrivé d'Italie, où le puritanisme voudrait planter ses jalons, M. de Gasparin est aujourd'hui plus anglo-saxophile que jamais : on pourra en juger par les lignes suivantes :

« J'ai vu avec horreur, en parcourant l'Italie,
» quelques hommes dont l'idéal paraissait être la
» formation future d'une ligue de la race latine
» contre son ardente et éternelle antagoniste.....
» Dieu merci, de pareilles imaginations ne seront
» jamais accueillies par les esprits éclairés et les
» cœurs généreux. »

Nous avons dit plus haut comment le dévouement et l'héroïsme de l'Espagne et du Portugal avaient préservé les Anglo-Saxons des puissantes serres de Napoléon Ier. On sait quelle a été la récompense de l'Espagne en particulier...

On sait aussi que les braves enfants de l'Italie ont vaillamment combattu sur tous les champs de batailles de l'Europe, durant le premier empire.

Eh bien! comment a-t-on traité les Espagnols, les Portugais et les Italiens de 1815? Comme l'ont été les Français... ou à peu près... Est-ce la vérité? oui ou non. Donc, et évidemment, la race latine a été dupe de la race anglo-saxonne en 1815.

De l'union... toujours de l'union, et encore de l'union..., dirons-nous aux différentes nations qui constituent la race latine, y compris la noble et infortunée Pologne, qui, par son inviolable attachement à la foi de ses pères, par son esprit chevaleresque et pur, ses aspirations généreuses, est si digne d'occuper un rang distingué parmi les nations latines.

Nous commençons à soupçonner que la mise de l'Espagne au ban des nations par le réquisitoire de M. de Gasparin, pourrait bien être à la fois un acte de courtisanerie et principalement une manœuvre ayant pour but d'empêcher un rapprochement entre la France et l'Espagne... quand au contraire une étroite alliance entre ces deux nations leur serait respectivement si profitable. En effet, l'Espagne, comme la France, possède une race d'hommes guerrière et industrieuse ; comme la France, elle possède des richesses territoriales fort appréciables, et, comme la France, l'Espagne n'est tributaire de personne pour ses denrées de première nécessité ; enfin, l'Espagne confine à la France, et ces deux nations n'ont entre elles aucune cause radicale de dissentiment ni de répulsion.

Si l'on considère que les populations réunies de la France et de l'Espagne atteignent un chiffre d'environ 54,000,000, pouvant fournir en cas d'urgence 1,200,000 et en temps ordinaire 600,000 soldats de cette excellente qualité qu'on peut également présenter et à ses amis et à ses ennemis, on sera conduit à reconnaître que la France et l'Espagne semblent avoir été soudées ensemble pour servir de base à la race latine.

PARIS. — IMPRIMERIE CENTRALE DE NAPOLÉON CHAIX ET Cᵉ, RUE BERGÈRE, 20. — 7302.

BIBLIOTHEQUE NATIONALE DE FRANCE